RECUEIL DE PIÈCES

RELATIVES

A LA FÊTE DE FAMILLE,

QUI A ÉTÉ CÉLÉBRÉE

DANS L'ÉGLISE DE SAINT-LEU.

RECUEIL DE PIÈCES

RELATIVES

A LA FÊTE DE FAMILLE,

QUI A ÉTÉ CÉLÉBRÉE

DANS L'ÉGLISE DE SAINT-LEU,

LE 24 JANVIER 1809.

PARIS,

IMPRIMERIE DE H. PERRONNEAU.

M. DCCC. IX.

FÊTE DE FAMILLE

CÉLÉBRÉE

EN L'ÉGLISE DE SAINT-LEU.

N°. Ier.

Extrait du Journal de Paris, en date du mardi 24 janvier 1809.

« Il sera chanté aujourd'hui .... une messe
» solennelle, dans l'Église Saint-Leu, rue Saint-
» Denis, à l'occasion de la *Cinquantaine* du
» père et de la mère de M. Laurent, Curé de
» cette Paroisse. Une circonstance particulière
» rendra cette cérémonie plus intéressante en-
» core : M. et Mme. Le Gros, père et mère du
» Curé de Saint-Jacques-du-Haut-Pas, célébre-
» ront en même tems, et à la même messe,
» leur *Soixantaine*. Ces quatre époux respec-
» tables sont nés dans le département de la
» Haute-Marne. Leurs fils (M. Laurent, ancien

» Docteur de Sorbonne, et M. Legros), sont » deux ecclésiastiques aussi recommandables » par les vertus de leur état, que par l'aménité » de leurs mœurs. La plupart des Curés de » Paris, voulant donner à leurs Confrères un » témoignage de leur estime et de leur atta- » chement, se proposent d'assister à cette céré- » monie patriarchale. »

N°. II.

Extrait de la Gazette de France, en date du mercredi 25 janvier 1809.

« Une chose assez rare dans cette capitale, » où l'on remarque cependant tant de choses » extraordinaires, c'est de voir deux couples » qui, réunissant ensemble trois cent dix-huit » ans de vie et cent dix ans de mariage, re- » nouvellent, en face du même autel, l'anni- » versaire d'une union non moins remarquable » par le bonheur et la fécondité qui en ont été » le fruit, que par sa durée et par la santé » brillante dont ils jouissent l'un et l'autre après » une aussi longue carrière. »

« M. Laurent, ancien Docteur de Sorbonne, » actuellement Curé de Saint-Leu, rue Saint-Denis, a célébré hier matin, dans son Église, » la *cinquantième* année du mariage de ses père » et mère, qui reçurent la bénédiction nuptiale » le 22 janvier 1759, à Chaumont, département de la Haute-Marne. M. et Mme. Le Gros, » mariés le 19 janvier 1749, à Bourbonne-les-Bains, même département, ont célébré en » même tems, dans la même Église, la *soixantième* année de leur mariage, en présence » de M. Le Gros, leur fils, Curé de Saint-Jacques-du-Haut-Pas. Ainsi, deux pasteurs, » connus par leur mérite, par l'estime et par » l'attachement de leurs paroissiens, confondaient ensemble, dans le même lieu saint, » les sentimens les plus chers et les souvenirs » les plus augustes que puissent consacrer la » religion, la nature et l'amitié. Plusieurs Curés » de Paris sont venus prendre part à cette fête; » un peuple nombreux a voulu aussi en être » témoin; et ses vœux pour ces vénérables » vieillards, l'empressement qu'il a montré pour » les voir, prouvent que les hommes, au sein » même des grandes villes, n'oublient point le » caractère imposant que la vieillesse et la paternité donnent à la vertu; et que, s'il est

» encore un bonheur auquel on ne puisse être » indifférent sur la terre, c'est celui de ces per- » sonnes avancées en âge, qui, n'ayant point » éprouvé la douleur de se survivre l'une à » l'autre, se voient encore revivre dans une » nombreuse postérité, dans des enfans qui » honorent le nom de leur père. »

» La capitale s'est quelquefois enrichie des ver- » tus et des talens développés dans la province; » mais il est rare qu'un seul département lui » fournisse tout à-la-fois deux exemples aussi » touchans des vertus et de la destinée des Pa- » triarches. »

N°. III.

Discours prononcé par M. le Curé de Saint-Leu, immédiatement avant la Messe d'actions de grâces qu'il a chantée, le 24 janvier 1809, assisté à l'autel par M. le Curé de Saint-Jacques-du-Haut-Pas.

Coràm cano capite consurge, et honora personam senis, et time Dominum Deum tuum; ego sum Dominus.

« Lève-toi devant la tête blanchie par les années ;
« honore la personne du vieillard et crains le Seigneur
« ton Dieu ; car je suis le Seigneur, moi qui te fais ce
« commandement. »

(*Lévitiq.* ch. 19. v. 32.)

Si le Seigneur ordonne à tous les hommes d'*honorer* ainsi *la vieillesse*, que ne demande-t-il pas aux enfans, quand il leur accorde, comme à nous, de conserver les auteurs de leurs jours au-delà du terme ordinaire de la vie? Quel poids alors ce mot du Lévitique : *Honore la personne du vieillard*, n'ajoute-t-il pas au précepte du Décalogue : *honore ton père et ta mère!*

Aussi, nos chers Parens, mon premier besoin, comme mon premier devoir, en cette touchante fête de famille, est de vous protester à la face des autels, non-seulement en mon nom, mais pour mon digne Confrère et pour tous ceux qui vous doivent, ainsi que nous, le bienfait de la vie et celui de l'éducation; c'est de vous protester, dis-je, que rien ne peut accroître la vénération, la tendrese et la piété filiales que nous ressentimes pour vous dès le berceau.

Mon Confrère et moi, nous oublions, pour ainsi dire, en ce jour, que nous avons l'honneur d'être les Ministres du Dieu vivant, pour ne songer qu'au bonheur d'être vos fils, et de vous contempler ici tous quatre, les uns après *soixante*, les autres après *cinquante* ans de l'union la mieux assortie et la plus fortunée ; ou plutôt nous nous souvenons que nous sommes Prêtres du Seigneur, afin de nous rappeler en même tems que cet auguste titre nous impose la loi de vous chérir encore plus et de vous respecter davantage.

Nous vous rendons tous les plus vives actions de grâces pour la bonté tutélaire avec laquelle vous avez protégé notre enfance et notre jeunesse ; pour les leçons et les exemples de vertu que nous reçûmes de vous si constamment; pour tous les travaux que vous entreprîtes, afin de faire le bonheur de ceux à qui vous aviez donné le jour; pour les allarmes sur-tout et pour la douleur qui déchirèrent vos entrailles paternelles et maternelles, toutes les fois que l'un de nous courait quelques dangers, ou qu'il était menacé de quelque infortune.

Oh ! que de sollicitudes et de peines dans le long cours d'une semblable vie ! C'est pour vos enfans que vous fîtes tant d'efforts; c'est pour nous que vous endurâtes tant de maux ! Chers Parens, nous désespérerions d'acquitter jamais la dette sacrée de notre reconnaissance, si la foi ne nous apprenait que nous avons dans le Ciel un Dieu, témoin et rémunérateur de tous vos combats, qui promit de suppléer, par ses couronnes, à l'impuissance de ceux pour qui vous avez tant combattu.

Si nous vivions encore, comme le peuple précurseur du peuple Chrétien, sous le régime de l'*imparfaite* (1) loi de Moyse, je puiserais, dans

---

(1) *Nihil ad perfectum adduxit lex ; introductio verò melioris spei, per quam proximamus ad Deum.* (Héb. 7. 19.)

les écrits de ce législateur et des prophètes formés à son école, les expressions qu'il me conviendrait d'employer en ce beau moment, et je vous féliciterais, à leur exemple, soit de la longue carrière que la Providence vous ménagea par un privilége rare, soit de la santé florissante dont vous avez toujours joui jusqu'à présent: j'observerais que ces dons du Ciel furent sans doute le prix de la piété filiale dont vous avez vous-mêmes autrefois prodigué les témoignages aux auteurs de vos jours; car Moyse avait dit aux enfans d'Israël : « Honore ton père et ta » mère, *afin que tu vives longtems sur la » terre.* »

Heureux Époux et Pères non moins fortunés, je vous parlerais et de ces dignes *Moitiés de vous-mêmes* qui, *semblables à la vigne féconde dont on tapisse les murs de sa maison*, peuplèrent les vôtres d'une postérité nombreuse, et de cette *multitude de rejetons* que vous vîtes *croître et s'élever par vos soins, autour de votre table, comme autant de jeunes plants d'olivier* (1).

---

(1) *Uxor tua sicut vitis abundans, in lateribus domûs tuæ; filii tui sicut novellæ olivarum, in circuitu mensæ tuæ.*

(Psal. 127. v. 2 et 3.)

Fidèles Epouses et tendres Mères, je vous rappellerais les vertus de ces époux que vous eûtes le bonheur de conserver pendant tant d'années, et l'amour dont chacun de vos enfans s'est toujours empressé de vous offrir le respectueux hommage.

Je vous inviterais enfin, Couples chéris, à contempler, avec la joie douce et pure qui ne peut être bien sentie que par l'ame d'un père ou d'une mère, ces deux groupes d'enfans de l'un et de l'autre sexe qui sont rassemblés autour de vous, et à la félicité desquels il ne manquerait plus rien, si tous assistaient de corps à cette fête, comme ils y assistent tous de cœur et d'esprit, malgré la distance qui les sépare et les motifs impérieux qui en retiennent plusieurs loin de nous.

Mais nous sommes Chrétiens, chers Parens, et l'Évangile nous avertit que le bonheur de cette vie n'étant qu'une ombre vaine, il serait imprudent de s'attacher trop à la *figure passagère de ce monde : prœterit enim figura hujus mundi*. Il nous faut donc concevoir de plus brillantes espérances, puisque nous sommes appelés à de plus hautes destinées.

En effet la santé la plus ferme ; des jours longs et sereins, passés dans les douceurs nou interrompues de l'union conjugale la plus heureuse ; le plaisir de renaître dans une nombreuse postérité ; le bonheur de *vieillir ensemble*, et celui de *voir ses enfans et les enfans de ses enfans, jusqu'à la troisième génération et au-delà ;* tous ces avantages sont précieux sans doute, puisque l'Église elle-même, empruntant le langage du patriarche Tobie, vous les souhaita pour la première fois, il y a *cinquante* et *soixante* ans, et que nous voyons aujourd'hui, par une sorte de prodige, se réaliser dans vos personnes les prières et les vœux que l'épouse de J. C. lui adressait pour lors en votre faveur.

Mais ce ne sont, après tout, que des avantages temporels, et même, pour que nous ne les estimions pas au-delà de leur véritable prix, le Ciel permet qu'ils ne soient pas toujours accordés à la vertu, comme ils peuvent aussi quelquefois ne pas être refusés au vice.

« Car il a plû à la divine Providence, dit » sur ce sujet Saint Augustin, de préparer à » l'avenir, pour les bons, des biens auxquels les » méchans n'auront aucune part; et, pour les » impies, des maux qui n'atteindront jamais les » justes : ce sont les biens et les maux éternels. » Quant aux biens et aux maux de cette vie,

» Dieu les a rendus communs aux méchans et
» aux bons, afin que les élus ne desirassent pas
» trop ardemment des biens qu'ils voient aussi
» dans la main des réprouvés, et qu'ils ne
» fissent rien de honteux pour éviter des maux
» dont les Saints eux-mêmes ne sont pas tou-
» jours exempts (Cité de Dieu, 1er. livre,
» ch. 8). »

Couples vertueux, vous êtes d'illustres exemples de cette admirable conduite de la Providence : elle a montré par vous qu'elle se plaît à tempérer, tantôt le mal par le bien, pour ne pas nous plonger dans le découragement; tantôt le bien par le mal, afin de nous faire soupirer vers la céleste patrie, seul asyle d'un bonheur pur et sans mélange.

Vos longs jours en effet ne furent pas tous également fortunés; plus d'une fois l'adversité, dont Dieu se sert pour éprouver ses élus, troubla votre paisible existence. Mais bientôt un rayon d'espoir brillait à vos yeux, et quelque soulagement imprévu venait ranimer votre courage : c'est ainsi que le Seigneur daignait vous aider lui-même à supporter les tribulations *présentes*, en même tems que celles-ci vous faisaient sentir le besoin d'une vie *future* et meilleure.

Parcourez avec moi les principales époques de votre honorable carrière; vous y trouverez autant de preuves de cette consolante doctrine : c'est la clef de la philosophie chrétienne.

Si de longs et pénibles travaux ont rempli la plus grande partie des jours que Dieu vous a donné de passer sur la terre, vous avez du moins joui constamment de la santé qui vous était nécessaire pour en supporter le poids, et la maladie n'interrompit presque jamais le cours de vos utiles et laborieuses entreprises.

Si le Ciel féconda votre union d'une manière vraiment extraordinaire, hélas! de cette multitude d'enfans que vous chérissiez tous avec une égale tendresse, vous en avez perdu bien plus qu'il ne vous en reste; et, ce qui mit le comble à votre douleur, ils vous furent ravis, pour la plupart, au moment où l'âge de l'adolescence, qu'ils avaient atteint ou même dépassé, vous présentait l'espoir flatteur de recueillir bientôt les fruits des sollicitudes et des soins prodigués à leur enfance : heureusement, vous en conservez encore un assez grand nombre, et ils sont dignes de vous (1).

---

(1) M. et Me. *Laurent* ont eu dix-huit enfans, dont six seulement vivent encore : des douze qu'ils ont perdus, peu moururent en bas âge; presque tous périrent depuis quinze jusques à trente ans.

Vous étiez nés riches, et votre fortune, accrue par les irréprochables produits de l'économie, de l'intelligence et du travail, embellit la première moitié de votre vie. Mais l'éducation et l'établissement, nécessairement dispendieux, d'une famille aussi considérable; mais la force des choses, le malheur des tems et les ravages des révolutions, plus puissans que toute la sagesse de votre conduite, ont sensiblement altéré, vers le milieu de votre carrière, l'aisance que vous sembliez être en droit de vous promettre pour vos derniers jours. Cependant vous avez sauvé du naufrage de modestes débris qui suffisent à vos besoins, ainsi qu'à vos desirs. Après une vie toute laborieuse, votre vieillesse est honorable, et vous possédez cette *précieuse médiocrité* chantée par les poètes et célébrée par les philosophes d'Athènes et de Rome; cette *médiocrité* vantée par les Écrivains sacrés eux-mêmes et par les Docteurs de l'Église; cette *médiocrité convenable*, que Saint Paul regarde avec raison comme la *véritable opulence*, quand elle se trouve, telle que nous la voyons en vous, *jointe à un fonds inépuisable de piété; est quæstus magnus pietas cùm sufficientiâ.*

Vous laisserez donc moins d'or à vos enfans; mais vous leur aviez partagé d'avance le riche héritage de vos leçons et de vos exemples. Ils vous doivent une éducation vraiment chrétienne ; vous leur apprîtes de bonne heure à pratiquer la religion, à respecter les mœurs, à ne compter que sur les résultats certains de l'application, de l'ordre et de la bonne conduite : ils furent et ils seront toute leur vie vos imitateurs. C'est pourquoi le Seigneur a déja fait fructifier leurs efforts, et vous pouvez, sans présomption, espérer que Dieu continuera de les bénir.

O ma chère famille! n'oublions jamais ce mot de l'ancien Tobie, que notre excellente mère nous répéta tant de fois, dans le tems de nos malheurs : « Ne craignez rien, mes enfans ; nous » sommes, il est vrai, peu fortunés, mais nous » le serons toujours assez, si nous conservons » fidèlement la crainte du Seigneur, la haîne » du vice et l'amour de la vertu (1). »

La révolution qui vient de bouleverser l'Europe vous atteignit, comme tous les gens de bien, nos chers Parens; mais le Dieu auquel vous croyiez ne vous a point délaissés. Il vous en a coûté des larmes et quelques sacrifices;

---

(1) *Noli timere, fili mi : pauperem quidèm vitam gerimus ; sed multa bona habebimus, si timuerimus Deum, et recesserimus ab omni peccato, et feceris benè.* (Tobie ch. 4, v. 23.)

mais, à ce prix, vous eûtes le bonheur d'échapper au torrent qui entraînait tout, à ce torrent qui, dans ses ravages, engloutit tant d'individus et tant de fortunes.

Vous aviez enfin donné trois Ministres à l'Église de France (1). Quelle terrible source d'angoisses, dans le tems de ses persécutions et de ses dangers! Vous sur-tout, Mères tendres, quelles déchirantes sollicitudes pour vos cœurs, à cette époque de désastreuse mémoire! Cependant, au milieu de la tourmente, *vous possédiez vos ames en paix par la patience;* vous redisiez souvent, avec le plus pieux de nos poètes :

Celui qui met un frein à la fureur des flots,
Sait aussi des méchans arrêter les complots.

C'était là votre unique espérance; et, plus heureux que beaucoup d'autres, vous ne vîtes aucun de vos enfans périr de mort violente! Longtems néanmoins, vous fûtes réduits à trémbler pour les jours de ceux que leur état et

---

(1) M *Le Gros*, Curé de St.-Jacques-du-Haut-Pas, fils de M. et Mad *Le Gros;* M. *Laurent* l'aîné, Curé de St.-Leu, et M *Laurent* le jeune, Curé de Juzennecourt, diocèse de Dijon, tous deux fils de M. et Mad. *Laurent.*

leurs principes vouaient à un trépas presque inévitable : les dangers imminens auxquels ils étaient exposés vous livrèrent souvent à des anxiétés mortelles. Mais enfin, grâces à la protection divine qui fit plus d'un miracle en leur faveur, vous n'avez pas eu la douleur de leur survivre, et le Ciel vous épargna la cruelle épreuve du Patriarche qui fut, *pendant tant d'années*, forcé de croire que *son cher Joseph avait été la proie des bêtes féroces* (1).

Voilà qu'aujourd'hui ces fils, consacrés par vous au service des autels, sont soustraits tous trois aux chances les plus fatales, arrachés aux plus affreux périls, et rendus à leurs sublimes fonctions. C'est par leur ministère que Dieu vous bénit en ce jour de fête; c'est par eux et avec eux que vous lui rendez grâces, les uns de la *cinquantaine*, et les autres de la *soixantaine* de votre union conjugale.

Vous pouvez raisonnablement former le vœu de vous endormir un jour paisiblement entre leurs bras, et la Providence vous permet d'es-

(1) *Quam (tunicam) cùm agnovisset pater, ait : tunica filii mei est; fera pessima comedit eum, bestia devoravit Joseph; scissisque vestibus, indutus est cilicio, lugens filium suum multo tempore.*

(Genès. 37. v. 33 et 34.)

pérer que des mains pieuses et sanctifiées par la religion vous fermeront alors la paupière.

C'est ainsi, Chrétiens Auditeurs, *que Dieu bénit ceux qui le craignent* : *ecce sic benedicetur homo qui timet Dominum.* Il ne les exempte point de la commune loi des souffrances, parce qu'il veut les sauver par le saint usage qu'ils doivent en faire avec sa grâce ; mais il leur ménage aussi des consolations, parce qu'*il est fidèle à la promesse de ne jamais souffrir que nous soyons tentés au-dessus de nos forces.*

« En effet, reprend Saint Augustin, si Dieu » n'accordait jamais les biens temporels à ceux » qui les lui demandent, on pourrait croire » qu'ils ne dépendent pas de lui ; mais s'il les » accordait toujours à nos vœux, nous ne le » servirions que dans la vue de les obtenir, et, » au lieu d'être pieux, nous serions avares » (Cité de Dieu, liv. 1, ch. 9). »

Ce n'est donc point ici-bas, non, ce n'est pas même dans les charmes du mariage le plus heureux, qu'il faut chercher ce bien suprême après lequel nous soupirons tous. Notre fin dernière est au Ciel, ô nos chers Parens! *Introductio melioris spei, per quam proximamus ad Deum.*

Quand Dieu vous accorda, suivant sa parole, *la longévité sur la terre, pour prix de votre piété filiale envers vos pères et mères*, il ne vous montrait donc encore, comme à tous les Chrétiens, qu'une figure imparfaite de cette *Éternité*, l'objet de tous vos vœux et le terme de tous vos efforts.

C'est là véritablement *la longue vie* qu'il vous promit et qu'il vous destine. L'Église vous le faisait entendre dès longtems, lorsqu'après avoir appelé sur votre union toutes les bénédictions temporelles qu'elle a coutume de demander pour les jeunes époux, elle eut soin de terminer ses touchantes oraisons par ces paroles remarquables : *Et posteà vitam æternam habeatis : Et puissiez-vous obtenir ensuite la vie éternelle.*

Fasse le Seigneur, que tous ceux qui prennent part à cette solennité ; que les pères et les mères, et les fils et les filles, et les gendres et les brus, et les neveux et les nièces, et les petits-enfans, et les parens et les amis ; que tous les assistans, en un mot, se retrouvent, à la fin des tems, réunis dans la céleste Sion, comme nous le sommes dans ce temple ; réunis avec vous, chers Auteurs de nos jours, à la grande famille des élus, pour y jouir ensemble de l'inaltérable bonheur, de la félicité sans bornes, sans mesure et sans fin, que je vous souhaite.

La solennité religieuse a été suivie d'un *banquet nuptial* de soixante-douze couverts, composé des deux familles *Laurent* et *Le Gros*, de leurs meilleurs amis, des membres du Clergé et de la Fabrique de Saint-Leu, et d'environ quinze Curés de Paris, particulièrement liés avec leurs Confrères de Saint-Leu et de Saint-Jacques.

On a chanté force couplets, selon l'usage. Voici ceux dont les convives ont unanimement exprimé le vœu de conserver le souvenir par la voie de l'impression.

N°. IV.

COUPLETS

Chantés par un ami commun des deux familles qui, l'année précédente, avoit déja célébré dignement l'anniversaire de la 59e. année du mariage de M. et Mad. Le Gros.

Air : Que ne suis-je la Fougère.

L'auguste cérémonie
Dont nous sommes spectateurs,
Doit enflammer le génie,
Doit attendrir tous les cœurs.

Aux époux que l'on vénère
Tous les hommages sont dus,
Leur douce et longue carrière
Est le prix de leurs vertus.

La Nature qui nous donne,
Pour nos besoins et nos goûts,
Le Printems, l'Eté, l'Automne,
Est morte en Hiver pour nous.
Le bonheur que l'ame éprouve
Est de toutes les saisons :
Vieillards, le vôtre nous prouve
Que l'Hiver a ses moissons.

Quel tendre intérêt excite
La fête des vieux Epoux!...
Les Patriarches qu'on cite
Vivaient, dit-on, plus que nous :
Vertueux, simples et sages,
A l'abri de tout remord,
Sans troubles et sans orages,
En paix ils gagnaient le port.

Vous les prîtes pour modèles,
Bons et fidèles Epoux;
Le Tems dépose ses âiles,
Pour se fixer près de vous;
Par l'emploi que vous en faites,
Vous en prolongez le cours :
Hier, aujourd'hui, vous êtes
Ce que vous fûtes toujours.

Souvent l'Hymen à sa suite
Voit les regrets, la froideur :
Les Ris, les Jeux sont en fuite,
Plus d'amour, plus de bonheur...
Vos sermens, Couple fidèle,
Ont retenti jusqu'à nous...
Un Hymen qu'on renouvelle
Fait l'éloge des Epoux.

Près de vous, hélas ! s'afflige
Maint Epoux moins fortuné :
Ce beau jour offre un prodige
Dont je le vois étonné.
Dans le silence, il contemple
Quatre vieillards bien portans,
Qui, sans guide, allant au Temple,
Comptent trois cent dix-huit ans (1).

Le Ciel bénit la famille
Des *Humblots* et des *Laurents* ;
Leur postérité fourmille ;
C'est Jacob et ses enfans (2).
Des fils de ce Patriarche
Tige d'un peuple nombreux,
Ils suivent déja la marche ;
Ils prospéreront comme eux.

---

(1) M. *Le Gros* est âgé de 88 ans ; Mad. *Le Gros*, de 86 ; M. *Laurent*, de 74 ; Mad. *Laurent*, de 70.

(2) M. et Mad. *Laurent* ont eu, comme on l'a déja fait remarquer, dix-huit enfans, dont six vivent encore. La famille de Mad. *Laurent*, née *Humblot*, est composée de plus de mille individus.

Aux Epoux que l'on révère
Il est fier d'appartenir,
Ce fils (1) dont le ministère
S'honora de les bénir.
Pour nous quel touchant spectacle !...
Plein de respect et d'amour,
De Dieu ce fils est l'oracle
Pour ceux dont il tient le jour.

Dans la sanglante anarchie,
Où les Apôtres de Dieu,
S'exilaient de leur patrie,
Laurent, fidèle à son vœu,
Brava le glaive homicide
Déja sur lui suspendu (2) ;
Il avait pour seule égide
Son courage et sa vertu.

C'est dans le malheur que brille
Le bon fils, l'homme de bien...
Tout entier à sa famille
Qui n'a que lui pour soutien,

---

(1) M. *Laurent*, Curé de St.-Leu, qui a toutes les connaissances et toutes les vertus de son état; il est chéri de ses paroissiens et le père des pauvres qui le bénissent.

(2) Pendant la révolution, M. le Curé de St.-Leu, s'étant dévoué pour rester en France jusqu'en 1794, a couru les plus grands dangers. Il était à St.-Firmin le 2 septembre 1792 : 70 prêtres, presque tous ses amis, ses condisciples ou ses maîtres, furent massacrés sous ses yeux. Ce fut par une espèce de miracle qu'il échappa à l'horrible proscription dont les Ministres du Culte furent les premières victimes.

Laurent, que son cœur entraîne,
Offre un exemple nouveau,
De la *Charité Romaine*
Dont son ame est le tableau (1).

Grâce au chef de cet Empire,
Le troupeau si dispersé,
Près des *Pasteurs* que j'admire (2)
Se trouve enfin replacé.
Le respect les environne ;
Devant eux le crime a fui :
Leurs vœux entourent le trône
Dont les mœurs seront l'appui.

Pasteurs, Desservans, Vicaires,
Clercs, Marguillers et Parens,
Sont tous liés comme frères
Par les mêmes sentimens.
Le zèle qui les anime,
Les conduit au but commun :
Tous rapprochés par l'estime,
Pour le bien ils ne font qu'un.

Cette fête m'en rappelle
Une autre, braves *Le Gros*;
L'amitié la renouvelle,
Les deux Couples sont rivaux;

---

(1) Il a été souvent l'unique, et toujours le principal soutien de sa famille.

(2) Douze Curés de Paris ont honoré de leur présence cette touchante cérémonie, à laquelle leurs vertus et leur piété, qui ne se sont jamais démenties, donnaient plus de lustre et de prix.

Mais, sous des rapports qui fondent
Leurs indissolubles nœuds,
Les deux Fêtes se confondent
Comme nos cœurs et nos vœux (1).

Gloire, honneur au *Commissaire*
Qui dirige vos banquets :
Cet aimable Dignitaire
Est pour nous l'Ange de paix.
Est-il une ame plus pure !
Est-il un homme meilleur ?
Vous voyez sur sa figure
Et son esprit et son cœur (2).

Si jamais l'on classe en France
Les citoyens par tribus,
Dans l'une, de préférence,
Tous voudront être reçus :
On les verra tous paraître
Et répéter à l'envi :
Heureux, si nous pouvons être
De la tribu de *Lévi* !

---

(1) M. et Mad. *Le Gros*, pour qui la même fête a été célébrée par leur fils, Curé de St.-Jacques-du-Haut-Pas, (au mois de janvier 1808), ont ajouté, par leur présence, à la solennité et à l'intérêt de celle-ci. M. l'abbé *Le Gros* et ses vénérables parens se sont rendus recommandables par les mêmes vertus qui distinguent les familles *Laurent* et *Humblot.*

(2) M. *Lévi*, Curé de St.-Germain-des-Prés, qui réunit toutes les vertus chrétiennes et toutes les qualités sociales propres à concilier le respect et l'estime.

N'oublions pas ce Vicaire,
Disciple de Massillon,
Qui, comme lui, fait en chaire
Aimer la Religion (1).
Rendons hommage et justice
A l'Orateur éloquent,
Qui tonne contre le vice
Et fait plus d'un pénitent.

Je prise fort le commerce,
Lorsqu'aux parens qu'il chérit,
Le fils, bien né, qui l'exerce
En destine le produit.
La piété filiale
S'honore d'un si beau trait;
Brave homme que je signale,
Il suffit pour ton portrait (2).

La fermeté, la prudence,
Sont, des administrateurs
De la Police de France,
Les sages régulateurs.

---

(1) M. *Gérard*, premier vicaire de St.-Leu, distingué par ses talens pour la chaire.

(2) M. l'abbé *Bernier*, trésorier-sacristain de la paroisse St.-Leu, qui, dénué de toutes ressources pendant la révolution, a vendu des *fagots*, pour nourrir son père et sa mère, vieillards presque octogénaires et réduits, ainsi que lui, à la plus grande détresse. Dieu a béni ce pieux commerce, dont le produit a suffi pour les faire vivre tous trois dans une sorte d'aisance.

Sans que je vous interroge,
Parmi vous j'ai discerné
L'objet de ce juste éloge ;
Il est déja deviné (1).

Il fut l'émule estimable
D'un condisciple chéri :
Sur un théâtre honorable
Chacun d'eux brille aujourd'hui.
Dans leurs fonctions diverses,
Pour le bien ils sont unis,
Et le plus doux des commerces
Pour jamais les rend amis.

Prêtez-nous votre assistance,
Dignes Pasteurs ; avec nous
Invoquez la Providence
En faveur de ces Epoux.
Dieu, que ta bonté seconde
Nos vœux ici confondus :
Offre encor longtems au monde
L'exemple de leurs vertus.

---

(1) M. *Boucheseiche*, Chef de la première division de la Préfecture de Police, compatriote, ami intime et le plus ancien condisciple de M. le Curé de St.-Leu, avec lequel il rivalisait, dès le collège, en vertus et en talens. Personne ne convenait mieux que lui aux fonctions importantes et délicates dont il est chargé. Son éloge est justifié par la réputation qu'il s'est acquise dans l'exercice de sa place, et par la confiance méritée que lui accorde le respectable Magistrat qui est à la tête de ce département.

N°. V.

COUPLETS

Adressés à M. Bernier, *Prêtre-Sacristain de la paroisse St.-Leu* (1).

Air : Ce mouchoir, belle Raimonde.

Souvent on nous importune
En nous contant des *fagots* ;
Mais par fois on fait fortune
En les vendant à propos.
De l'Église l'Économe
Doit m'entendre à demi-mot. . . .
Je le chéris ; c'est mon homme : } *Bis.*
Je ne fais point un *fagot*. }

Combien, dans ces tems de crise,
Furent victimes du sort !
Un grand malheur électrise ;
On veut arriver au port. . . .

---

(1) L'auteur des couplets précédens, frappé du trait d'amour filial qui honore M. *Bernier*, et que ces couplets n'ont fait qu'indiquer, a cru devoir en faire l'objet d'un hommage particulier, où la gaîté se mêlât au sentiment.

Bernier aime sa famille ;
Mais il n'a ni pain ni rôt :
D'impatience il pétille ; } *Bis.*
On ne cuit rien sans *fagot.*

Sa tristesse est sans égale ;
Ses parens sont malheureux :
La piété filiale
Va le rendre industrieux.
Nul commerce ne fait honte ;
Sans redouter les propos ,
Tandis que plus d'un en conte , } *Bis.*
Notre homme vend des *fagots.*

Bernier se voit dans l'aisance ;
Son bucher, deux fois par jour,
se vide, et l'on fait bombance ;
On garnit la basse-cour.
A ses parens ce commerce
Valut poules et gigots :
Les écus pleuvaient à verse , } *Bis.*
Grâce au débit des *fagots.*

Il fut, quoiqu'en plein négoce ,
Fidèle au premier contrat. .. (1)
Mais le tems du sacerdoce
Renaît par le Concordat.

---

(1) Pendant que M. *Bernier* parcourait, pour son commerce , la forêt de Senard , l'Isle-de-France et la Brie , il ne négligeait aucune occasion d'exercer les diverses fonctions du sacerdoce , soit dans les châteaux , soit dans les chaumières de tous ceux qui osaient lui donner l'hospitalité.

La robe qu'il a reprise
Ne donne point de lingots :
Ah ! ce n'est pas dans l'Eglise } *Bis.*
Qu'on vend ou fait des *fagots.*

Quand ainsi l'on se comporte,
Quand on nourrit ses parens,
Du Paradis la grand-porte
Pour nous s'ouvre à deux battans...
Bernier doit, brillant de gloire,
Aller au Ciel au galop,
Sans qu'au feu du Purgatoire, } *Bis.*
Pour lui, l'on brûle un *fagot.*

No. VI.

M. le Curé de St.-Leu a chanté ensuite les couplets suivans :

AIR : Du Réveil du Peuple ; *ou bien :* Avec les jeux dans le Village : *ou d'autres encore.*

Couples chéris, vous que rassemble
Une douce solennité ;
O vous, qui nous offrez ensemble
Trois siècles de félicité !
Héros touchans de la nature,
Patriarches des *Champenois*,
C'est du cœur la voix franche et pure
Qui vous parle encor par ma voix.

De leur tendresse filiale,
Voyez vos enfans enivrés;
Des *Anges* de la capitale
Comptez les suffrages sacrés :
La terre et les cieux applaudissent
A vos longs et chastes amours,
Et tous les vœux se réunissent
Pour en prolonger l'heureux cours.

Puissent nos familles comblées,
Un jour, dans un transport nouveau,
Avec leurs branches centuplées,
Refêter un moment si beau !
Et vous, pleins de force et de vie,
Soyez encor, dans cinquante ans,
Et l'orgueil de *notre patrie*,
Et l'idole de mille enfans !

Mais n'allons point perdre la tête
Devant cet avenir chéri ;
En attendant une autre fête,
Couronnons celle d'aujourd'hui.
Amis, que le *Champagne* trotte,
Qu'il mêle à nos chants ses gloux-gloux,
Et que ce doux *Compatriote*
Vienne pour nous enivrer tous.

N°. VII.

Madame Bouvier, *née* Laurent, *à sa Mère.*

Air : Comment goûter quelque repos ?

Aimable Maman, si les Dieux,
En m'appelant à la lumière,
M'avaient dit : choisis une Mère,
Une Mère au gré de tes vœux ;
O Maman ! ton ame en est sûre :
Tu lis dans nos yeux triomphans ;
Oui, le cœur de tous tes enfans
Eût choisi comme la nature. (*Bis.*)

N°. VIII.

Madame Levillain, *née* Laurent, *à son Père.*

Même air.

Et toi, si les Dieux tout-puissans
Avaient aussi daigné te dire :
Choisis dans tout ce qui respire,
Choisis à ton gré tes enfans :
O Papa ! ta fille en est sûre :
Nous t'aimons tous si tendrement ! . . .
Oui, Papa, ton cœur sûrement
Eût choisi comme la nature. (*Bis.*)

No. IX.

Melle. Laurence-Desirée *Bouvier*, âgée de quatre ans et petite-fille de M. et Mad. *Laurent*, a représenté la troisième génération, en chantant le couplet qui suit :

AIR : Avec les jeux dans le Village.

Et moi, suis-je de contrebande
A la noce de *Bon-Papa* ?
Oh ! quelque jour je serai grande
Comme l'*Oncle* et comme *Papa*,
Et je demande ici d'avance
La parole de *Bon-Papa*,
Pour ouvrir ensemble la danse
Au mariage de *Papa*. (*Bis.*)

No. X.

Papa Laurent a voulu chanter aussi.

AIR : Si le Roi m'avait donné.

Si l'Empereur m'élevait
Jusqu'au rang des Comtes,
Et si ce titre m'ôtait
Ma vieille et ses contes,

Je dirais à l'Empereur :
Grand-merci de tant d'honneur ;
J'aime mieux *ma vieille*,
Oh gai !
J'aime mieux *ma vieille.*

N°. XI.

Aussitôt *Maman Laurent* a répliqué sur le même air :

Et moi, si quelque sorcier
Changeait mon visage,
Et qu'un jeune Chevalier
M'offrît son hommage,
Je dirais au Galantin :
Vous perdez votre latin ;
C'est *mon vieux* que j'aime,
Oh gai !
C'est *mon vieux* que j'aime.

MM. du Clergé s'étant retirés vers la fin du jour, la joie devint alors un peu plus bruyante. On se procura des violons, et la jeunesse dansa le reste de la soirée. Le bal a été ouvert par le bon papa *Le Gros*, qui a *galamment invité*

Mme. Laurent à lui faire l'honneur de danser un menuet avec lui; M. *Laurent* a également dansé le sien avec Mme. *Le Gros*, et tous quatre ont étonné leurs enfans eux-mêmes par la précision, et la fermeté de leurs pas, auxquelles ces enfans étaient loin de s'attendre : c'était la première fois de leur vie que la plupart d'entre eux voyaient leurs parens figurer dans un bal. Jamais aucune fête n'a fait répandre de plus douces larmes : celle-ci fera époque pour le bonheur des deux familles qui l'ont célébrée en commun.

FIN.

www.ingramcontent.com/pod-product-compliance
Ingram Content Group UK Ltd.
Pitfield, Milton Keynes, MK11 3LW, UK
UKHW021318190726
13839UKWH00007B/1979